Rester fort

WWW.SLATKINEETCOMPAGNIE.COM
ISBN 978-2-88944-028-3

Emilie Monk

Rester fort

Slatkine & Cie

Sommaire

Villanelle pour Emilie 9
Ian Monk

Pourquoi ce livre 13
Virginie, Laura et Ian Monk

Sextine pour Emilie 29
Virginie Monk

Je me souviens 35
Laura Monk

June 47
Emilie Monk

Donner la vie 63
Virginie Monk

Ce que m'a appris Emilie 71
Juliette Monk

Pourquoi tu lis ? 79
Laura Monk

Dépression 93
Virginie Monk

Madness 101
Emilie Monk

Scarifications 105
Virginie Monk

Seventeen 109
Emilie Monk

Des maux plus grands que nous 113
Laura Monk

Légère et heureuse 119
Ian Monk

Ian Monk

Villanelle pour Emilie

Son apparition part dans un nuage de cendres
happé par le vent comme de la fumée
de sa dernière cigarette on regarde ses méandres

qui hésitent une seconde comme pour apprendre
à planer avant de s'envoler, et
son apparition part dans un nuage de cendres

qui monte s'éparpille avant de descendre
la pente douce de l'invisibilité
de sa dernière cigarette
on regarde ses méandres

encore un moment avant de se lever pour reprendre
le chemin du retour alors que dans l'air bleuté
son apparition part dans un nuage de cendres

après, tout redevient clair sous ce soleil pas si tendre
comme dans l'odeur légèrement âcre et ondulée
de sa dernière cigarette on regarde ses méandres

maintenant comme justement là pour répandre
la vie sans Emilie la blancheur de sa peau et
de sa dernière cigarette
on regarde ses méandres

son apparition part dans un nuage de cendres

Virginie, Laura et Ian Monk

Pourquoi ce livre

Emilie Monk est née le 28 juin 1998, à Lille, et a décidé de mettre fin à ses jours le 19 décembre 2015, en se jetant du balcon de sa chambre. Elle est restée dans le coma pendant un mois et est décédée le 22 janvier au CHR de Lille. Elle avait dix-sept ans.

Quelque temps après, nous avons retrouvé un écrit dans lequel Emilie décrit le harcèlement scolaire qu'elle a subi, visiblement dans la volonté de redonner de l'espoir aux victimes, et de faire entendre leur voix. C'est ce texte qui a guidé la création de cet ouvrage. Nous voulions que la voix d'Emilie porte. Nous voulions comprendre la vie d'Emilie, comprendre ce qu'elle avait vécu, aussi bien du point de vue du harcèlement scolaire que de la dépression clinique. Tous ceux qui ont contribué à cet ouvrage espèrent, comme Emilie l'aurait espéré, qu'il pourra servir à aider d'autres personnes qui souffrent, ou qui ont souffert comme elle, ainsi que leur famille et leurs amis. S'il contribue à lever un peu les tabous sur de tels sujets, qui touchent de très nombreuses personnes de tous milieux et de toutes catégories sociales, son but aura été atteint. S'il sauve une vie ou soulage une douleur, sa publication n'aura pas été vaine. S'il fait bouger les lignes au sein de l'Éducation nationale ou dans les institutions qui s'occupent des jeunes atteints de troubles psychiatriques et de leur famille, sa publication aura été vraiment utile.

Emilie était une jeune fille à la fois exubérante et pudique. Elle aurait été furieuse qu'on décide de publier un livre de, et sur elle, si elle ne l'avait pas voulu.

Emilie est née le 28 juin 1998, pas à la maternité de l'Hôpital Le Bois, comme prévu, mais à Jeanne de Flandre, car les ambulanciers, voyant qu'elle était si près d'arriver, après quelques heures de contractions seulement, avaient bifurqué et foncé en direction du CHR. Même pas le temps pour une péridurale, en quelques minutes seulement elle était là.

Elle était la quatrième enfant d'une fratrie recomposée, avec une grande demi-sœur, Juliette, un grand demi-frère, Abel, qui venaient régulièrement en week-end et pendant les vacances, et une grande sœur, Laura, avec qui elle vivait dans la maison familiale, à Lille Fives : un quartier très « populaire ».

Quelques années plus tard, l'état de plus en plus dégradé de ce quartier nous a conduits à prendre la décision de l'envoyer, comme sa sœur aînée, dans le privé, plutôt que de la laisser dans le public, avec l'espoir, comme c'est le cas de pas mal de parents, de lui donner une meilleure éducation dans tous les sens du terme, pas uniquement l'apprentissage scolaire, mais aussi celui du respect d'autrui, du comportement en société. Il faut reconnaître que de telles décisions, et les jugements qui les entraînent, sont quelquefois erronés. Emilie a donc fait les premiers pas de son cursus scolaire à l'école Saint-Joseph, à Lille.

Les seuls problèmes majeurs, à l'époque, étaient des soucis de santé. Notamment ses nombreuses allergies et son asthme. Mais elle était suivie par de bons médecins, et on pouvait donc espérer que tout irait mieux par la suite.

Sa scolarité s'est déroulée à peu près normalement pendant plusieurs années. Mais, plus elle avançait, moins Saint-Joseph semblait correspondre à ses besoins. Emilie était une enfant précoce, ses notes étaient brillantes. Les familles des amies qu'elle avait à l'école primaire ont peu à peu quitté le quartier et l'école, les unes après les autres. Elle se sentait seule et en décalage avec la plupart des élèves qui restaient. La décision a donc été prise de l'envoyer dans une des meilleurs écoles privées de Lille, où ses deux derniers amis s'étaient inscrits, pour faire son année de CM2, avant d'entrer dans le collège du même établissement, très réputé. En général, les parents veulent ce qui est le mieux pour leurs enfants. Rarement un choix aussi catastrophique a été fait pour ce qui semblait de bonnes raisons.

Le harcèlement scolaire dont Emilie était victime a sérieusement commencé à partir de la 5e et a continué de manière quotidienne jusqu'à ce qu'on la retire de cet établissement, au début du troisième trimestre' alors qu'elle était en 3e.

Les victimes du harcèlement scolaire sont nombreuses et variées. Il n'y a pas de victime type. Leur seul point commun serait qu'elles sont « différentes » des autres, ou perçues comme telles. Les jeunes, à cet âge, ressemblent souvent à un vol d'étourneaux qui déchiquettent un oiseau exotique échappé de sa cage sur lequel ils tombent.

Emilie était intelligente, première de sa classe sans particulièrement vouloir l'être. Elle attirait donc les jalousies dans un milieu ultra-compétitif, où la moindre note semble avoir une importance capitale. Elle était naturellement jolie, sans avoir recours au maquillage ni aux vêtements de marque qui ne l'intéressaient pas du tout. Elle avait son propre style, plutôt « baba cool ». Elle était végétarienne, un choix qu'elle avait fait elle-même très tôt. Elle lisait beaucoup par plaisir. Elle participait aux manifestations anti-corrida, anti-fourrure, anti-exclusion sociale. Malgré son asthme, elle avait pris part à un cross en faveur d'une association de lutte contre la faim dans le monde, et s'était battue pour achever le parcours. Elle utilisait son argent de poche pour faire des dons à des associations de protection animale, pour offrir des cadeaux à sa famille et ses amies. Elle avait été éduquée dans des valeurs humanistes et était sensible aux injustices, et n'aurait donc jamais participé elle-même au lynchage d'un de ses camarades. En somme, elle était « bizarre », et donc une cible idéale pour les gens qui ne supportent pas la différence chez les autres. Elle était aussi très courageuse. Pensant pouvoir prendre tout ça sur elle, elle a soigneusement caché son calvaire pendant deux ans et demi. Mais finalement, un jour, paralysée par une crise de panique devant la porte de la maison, elle a bien été obligée de raconter ce qui se passait au collège. Elle n'y est plus jamais retournée.

Nous avons rencontré le directeur de l'époque. Nous avions déjà parlé à certains de ses professeurs car, même si elle cachait l'étendue du problème, il était clair que quelque chose n'allait pas. « Ses notes sont excellentes, tout va bien » était la réponse type. Emilie nous faisait part d'actes malveillants comme de nombreux vols qui la gênaient dans ses devoirs et son accès à la cantine, et d'un épisode où un garçon lui avait claqué la porte au nez à l'entrée dans la classe, en présence de l'enseignante. Celle-ci avait fait comme si de rien n'était. Nous rapportions dans son carnet de correspondance le peu qu'Emilie nous confiait en termes de harcèlement, sans pour autant que les enseignants veillent davantage à sa sécurité, comme nous le leur avions demandé. Dans la presse, le nouveau directeur de l'établissement s'étonne désormais qu'Emilie n'ait pas interpellé les enseignants. Mais comment aurait-elle pu faire confiance à des adultes qui laissaient faire sans réagir, sans la défendre ?

Comme si tout ce qui comptait dans un parcours scolaire c'était ça, les notes. Et puis, après, silence, le directeur a tout nié en bloc.

Après avoir fini sa 3e par correspondance et passé son brevet en candidate libre, Emilie a repris sa scolarité au lycée professionnel Michel Servet, dans la filière boulangerie-pâtisserie. Ce choix était le sien, par intérêt pour cette profession, et aussi, bien sûr, dans l'espoir de tout recommencer dans une ambiance totalement différente de celle d'un collège privé huppé. Ses problèmes d'allergies lui interdisaient la carrière de vétérinaire, qu'elle avait d'abord choisie, poussée par son amour pour les animaux. À Michel Servet, Emilie s'est parfaitement intégrée. Elle s'y est fait des amis. Elle y a été heureuse pendant un certain temps. Elle a fêté son seizième anniversaire à la maison, avec tous ses camarades de classe, dans la joie. C'était probablement une des périodes de sa vie qui ressemblait le plus au bonheur.

Hélas, juste au moment où on pouvait espérer qu'elle avait trouvé le début d'une nouvelle vie, ses problèmes de santé ont redoublé : elle avait mal au dos, son asthme persistait et des problèmes psychiques ont commencé à se déclarer. Un jour, pendant le premier trimestre de sa 1re, elle a déclaré : « Je n'en peux plus de faire semblant que tout va bien, alors que ça va pas du tout ». Là encore, cela faisait un moment qu'elle luttait contre une dépression grandissante. Elle a donc été contrainte d'abandonner Michel Servet, et elle a obtenu une place à la clinique Lautréamont, un établissement près de Lille, qui s'occupe des jeunes dépressifs. Elle y est restée trois mois. Lors des visites, ou lorsqu'elle sortait, le temps d'un week-end, elle racontait ses soins et comment l'équipe médicale lui faisait du bien. L'espoir renaissait.

À l'issue de ce séjour, elle semblait aller mieux. Une nouvelle décision fut prise concernant son orientation scolaire : comme elle ne se sentait pas physiquement capable de continuer dans la filière qu'elle avait choisie, elle retournerait vers un lycée général, après avoir fait une seconde générale par correspondance (trois trimestres en un peu moins de deux, mais elle s'en sentait capable). Elle a réussi à le faire, ayant toujours d'assez bonnes notes sauf, bizarrement, en français, et on a été obligés de faire venir un professeur pour l'aider, et nous aider aussi à comprendre comment il était possible qu'une élève qui ne faisait quasiment aucune faute d'orthographe, qui écrivait très bien (comme vous allez pouvoir en juger sur pièce), qui avait écrit souvent en famille, pour le plaisir, avec son père, sa sœur et sa mère, lors d'ateliers d'écriture « oulipiens » informels et ludiques, comment une élève qui avait de l'imagination, qui lisait Balzac, Zola et même Céline par plaisir, qui récoltait régulièrement des 10, des 9 et plus rarement des 8 (une fois, par exemple, alors qu'elle avait écrit une belle et courte nouvelle d'une page et demi pour un sujet d'invention, on lui avait reproché de ne pas avoir rédigé une copie assez longue, alors qu'aucun format n'était exigé), comment il était possible qu'une telle élève devienne mauvaise élève en français. Est-ce une manière d'encourager les élèves ? Est-ce une volonté de les écraser ?

Et, pendant ce temps-là, son état était bien sûr fluctuant. Comment gérer ça à long terme ? Si la clinique Lautréamont est sans doute très compétente pendant qu'un jeune y réside, elle laisse un énorme vide après : aucun diagnostic, même hypothétique, n'a été fourni ;

aucune indication, aucun conseil aux parents sur ce qu'il conviendrait de faire ou surtout de ne pas faire à l'avenir dans telle ou telle situation ; aucun suivi proposé en cas de rechute ou de crise grave ; aucun avis sur la suite du traitement, sauf une ordonnance pour la fin du traitement d'antidépresseurs et des anxiolytiques à prendre en cas de besoin. Et aussi l'indication : « Lui trouver un psychiatre ». Oui, mais lequel ? Comment choisir ? Lorsque nous sommes finalement tombés sur le bon, après des mois et des mois d'essais infructueux, entrecoupés de périodes sans suivi psychiatrique (nous nous disions que pas de psy était sûrement mieux qu'un mauvais psy), il était trop tard. En somme, nous étions livrés à nous-mêmes et devions bricoler la suite avec les moyens du bord.

Et quand l'inévitable rechute a fini par se produire, la seule possibilité proposée par les services, puisqu'il n'y avait pas de place disponible à la clinique, fut un séjour en hôpital psychiatrique. Le séjour a été très court. Alertés par Emilie, nous l'avons fait sortir au bout de deux jours. Un tel endroit est tout simplement terrifiant et inadapté pour une jeune fille qui, malgré ses problèmes croissants, reste lucide. Emilie avait l'impression d'être entourée de loques, plus ou moins neutralisées par leur traitement. Pour elle, c'était la vision d'un avenir sans espoir. Un enfer. L'horreur absolue. « Promets que tu ne m'obligeras jamais à rester dans un tel endroit », avait-elle dit.

Et puis il y avait des périodes plus faciles. Emilie a fini son année scolaire et s'est mise à écrire. En juin 2015 vraisemblablement, elle a composé le texte qui est le cœur et la raison d'être de cet ouvrage collectif : *June*. C'était une période où elle se sentait à nouveau plus forte. Elle avait décidé, en accord avec le médecin de famille, d'arrêter son traitement d'antidépresseurs. On parlait de son avenir, de ses études à venir, des carrières possibles. Elle a décidé d'écrire ce texte, ce journal, ou plutôt ce début de roman autobiographique, dans lequel elle raconte le calvaire qu'elle a vécu pendant ses années de collège. Pourquoi ce titre, le mot « juin » en anglais ? À demi anglaise par son père, Emilie aimait cette langue. Et il paraît évident que le mois de juin avait plusieurs sens pour elle. C'est le mois de son anniversaire, mais aussi celui de la fin de l'année scolaire, et donc de la libération provisoire de l'école. *June* est aussi le titre d'une chanson d'Indochine qu'elle aimait beaucoup, et qui parle justement de la dépression grave. Pourquoi ce projet de roman autobiographique ? Il a été écrit pour « *ceux qui subissent la vie, ceux qui luttent* ». Son idée était de décrire son calvaire dans le but d'aider d'autres jeunes qui vivaient des situations similaires. Son intention était clairement de continuer son récit jusqu'à guérir, pour montrer qu'il est possible de surmonter de tels problèmes et de retrouver un équilibre. Car Emilie était d'une grande générosité, très empathique, attentionnée. Elle prenait soin de son entourage. Ses amies de Michel Servet disaient d'elle : « Emilie, quand elle souriait, c'était notre rayon de soleil ». Malheureusement, elle n'a jamais pu mener ce projet à son terme. Est-ce le fait d'avoir rouvert ces plaies qui l'a fait replonger dans la dépression ? C'est possible. En tout cas, à partir de cet été-là, son état a empiré jour après jour. Son médecin lui a conseillé de reprendre un traitement d'antidépresseurs. Elle l'a fait, mais sans que cela ne change grand-chose. Elle ne mangeait presque plus. Elle se sentait incapable de reprendre ses études. Une tentative, lors de la rentrée au lycée Pasteur de Lille n'a duré que trois jours. Elle n'a pas été accueillie ni présentée à la classe par les enseignants et presque aucun élève ne lui a parlé ou n'a demandé à faire sa connaissance. Sa phobie scolaire a refait surface, elle était très déçue, triste, révoltée, et ne se projetait plus dans la filière générale, une fois de plus. Elle commençait à faire des crises d'angoisse aiguës plusieurs fois par jour. À la clinique Lautréamont, « pas de place en ce moment ». Un retour à l'hôpital psychiatrique ?

« Non, s'il te plaît, plutôt mourir ! »

Pendant ce temps-là, elle explorait le bouddhisme, afin de chercher de l'aide. Cela semblait cohérent, car, toute petite, elle disait quelquefois des choses assez surprenantes, comme « tu es la meilleure maman que j'aie jamais eue », ou bien « quand j'aurai 109 ans, je redeviendrai un bébé ». Elle a lu plusieurs livres sur ce sujet. Dans sa chambre, elle avait une statue du Bouddha, devant laquelle elle brûlait de l'encens. Elle a commencé à pratiquer la méditation. Étant donné ce qui s'est passé par la suite, peut-on dire alors que, pour elle, cette expérience n'a pas marché ? Peut-être. Mais une telle interprétation serait superficielle. Car la recherche la plus importante dans le bouddhisme est la façon dont on peut en finir avec la souffrance. Le bouddhisme ne dit pas que le suicide est

« bien » ou « mal ». Il cherche à comprendre le sens derrière cette violence portée contre son propre ego. Il ne condamne pas automatiquement ce choix, contrairement à toutes les autres grandes religions.

Quand, finalement, une place s'est libérée à la clinique, il était déjà trop tard. L'accueil était bâclé. En arrivant, nous avons croisé son psychiatre qui, alors qu'Emilie le regardait fixement en cherchant un signe d'empathie, lui a tourné le dos en disant : « J'ai une réunion, on se voit plus tard ». Son état était si grave que la clinique a décidé de la transférer dans un hôpital psychiatrique deux jours plus tard, pour un court séjour, le temps de la stabiliser. À nouveau transférée à la clinique, elle a croisé quelqu'un qu'elle ne supportait pas et a supplié de retourner chez elle. On a décidé de respecter ses souhaits. Deux jours plus tard, elle s'est jetée du balcon.

Elle avait traversé nos vies comme une étoile filante.

Ce livre regroupe différents textes, mais son cœur, comme nous l'avons déjà indiqué, est *June*, écrit par Emilie peu de temps avant son dix-septième anniversaire, ainsi que deux de ses poèmes, dont l'un en anglais. Notre décision de publier ce texte a été motivée par l'idée qu'il décrit si bien les mécanismes du harcèlement scolaire, qu'il pourrait servir de support pour aider les jeunes à comprendre la gravité de leurs actes, et peut-être à réfléchir avant d'aller trop loin. Il pourrait peut-être aussi contribuer aux réflexions actuelles sur les mesures à adopter pour combattre ce fléau. Nous aimerions aussi qu'il fasse réfléchir les parents, les encourage à élever leurs enfants dans le respect des autres, et que, lorsqu'ils pensent au sujet du harcèlement scolaire, ils n'imaginent pas leurs propres enfants uniquement comme de possibles victimes, mais aussi comme des harceleurs potentiels ou au moins des témoins passifs.

La décision de le publier a aussi découlé tout naturellement de notre étonnement face à la réaction du collège et du Rectorat après le suicide d'Emilie : le silence. Personne de l'établissement, où elle avait passé presque cinq ans de sa vie, n'est venu assister à ses obsèques ni n'a envoyé un petit mot après avoir reçu le faire-part de décès. Alors que sa classe entière ainsi que plusieurs professeurs de Michel Servet sont venus ensemble. Le Rectorat, via le SIAO de Lille auprès duquel nous avions dû remplir un dossier pour l'orienter en filière professionnelle, et à qui nous avions mentionné que ce changement était dû au harcèlement subi au collège, n'a jamais relevé cette question des violences scolaires. Le directeur de l'époque, auprès de qui nous avions dénoncé ces violences et à qui nous avions demandé que leurs auteurs soient identifiés et sanctionnés n'a jamais donné suite à notre demande. Après le suicide d'Emilie, nous avons écrit au Rectorat un mail qui est resté sans réponse. Quand nous avons interpellé la directrice du Diocèse de Lille, celle-ci n'a montré aucun signe d'empathie, se contentant de nous répondre qu'un nouveau directeur allait prendre ses fonctions à la rentrée suivante, qu'il n'était pas concerné par cette affaire, qu'il n'en serait pas informé, et qu'il était inutile de tenter d'être reçus à nouveau. Seul monseigneur Ulrich, du Diocèse, a écouté attentivement et avec empathie le récit des violences subies par Emilie et notre souffrance de parents endeuillés.

Si cet ouvrage arrive à faire comprendre à certains enseignants que la réputation de leur établissement ne repose pas uniquement sur le nombre de mentions au bac, mais aussi sur leur capacité à respecter leurs élèves, et aussi à inciter ces élèves à se respecter les uns les autres, il aura servi à quelque chose. Il pourrait, entre autres, remettre en question l'attitude du ministre de l'éducation qui, le 25 juin 2016, devait recevoir les représentants de l'association « Les Parents » à la suite d'une marche contre le harcèlement scolaire autorisée par la Préfecture de Paris. Le Ministère a refusé de recevoir une délégation, tandis que le cortège restait bloqué à un carrefour plusieurs heures, et que le président de l'association tentait en vain de négocier une rencontre par téléphone.

Les textes contenus dans ce livre, écrits pour former une constellation autour d'Emilie, par les membres de sa famille, visent aussi à stimuler des réflexions sur la dépression clinique chez les jeunes, et le manque quasi total de suivi qu'ils subissent, tout comme leur famille. Parmi ces textes figure un autre projet de roman autobiographique, que sa grande sœur Laura avait commencé à l'âge de 14 ans, ainsi qu'un « je me souviens » écrit suite au suicide d'Emilie. Mais il y a aussi une réflexion plus globale sur l'éducation nationale par sa demi-sœur Juliette, et plusieurs textes écrits par sa mère, Virginie. Le livre se termine par deux des hommages lus lors de ses obsèques.

En dépassant ainsi le sujet de harcèlement scolaire, cet ouvrage cherche également à aider les membres des familles de gens qui souffrent de dépression grave pour mieux identifier cet autre fléau et se dire : « non ce n'est pas une honte, ce n'est pas juste les caprices d'un ado, ou le caractère d'ours d'un vieux, c'est une véritable maladie, et nous avons besoin d'aide... »

Les textes de ce livre enfin rendent hommage, par le biais de la littérature, à l'écrivain qu'aurait pu devenir Emilie Monk.

L'intégralité des droits d'auteurs sera versée à des associations qu'Emilie aurait souhaité soutenir.

Virginie Monk

Sextine pour Emilie

À la maternité je crie sur le brancard : « Je veux une péridurale ! » ; on me dit « *Trop tard madame, Elle arrive* ».

À la maison, tout est prêt pour t'accueillir, mon bébé, nous t'attendions.

Dehors, nous te ramenons à la maison, pleins d'idées de bonheur à venir.

À l'école, je ne veux pas te mettre tout de suite, je vais te materner à la maison.

À l'hôpital, je pleure, en état de choc, je veux te voir, j'attends des heures sans nouvelle de ton état.

À ta Cérémonie, j'arrive en courant, avec mes fleurs et tes photos, je ne suis plus moi-même.

À ta Cérémonie je vois plein de monde, je ne vois personne, je cherche Laura et ton papa.

À la maternité tu arrives, on te pose sur ma poitrine et je te serre délicatement dans mes bras.

À l'hôpital je te vois au Déchoc, les yeux fixés vers le haut et la droite, immobile, pâle.

À la maison ce sont des sourires, des pleurs, des bains, des regards, des câlins, des guilis, des rires.

À l'école je t'emmène chercher ta grande sœur Laura.

Dehors c'est l'été, je te promène en landau, il fait très chaud et tu dors dans ton body paisiblement.

Dehors, je t'emmène au Parc d'Hellemmes, au Bois de Boulogne, voir la nature et les animaux.

À ta Cérémonie, je vois ton cercueil blanc, les fleurs champêtres, tes portraits, le beau pêle-mêle de Laura.

À l'école, tu entres en confiance avec ta grande sœur, tu entres en classe toute contente.

À la maternité, je te regarde émerveillée, je respire ton odeur, je te parle tout bas, je te caresse.

À la maison, nous avons une nouvelle famille et sommes heureux.

À l'hôpital on t'opère, on nous dit « *C'est très grave* » ; « *Il faut vous préparer* »...

À l'hôpital je pleure, j'attends, je veux être à tes côtés, te voir dans ton lit avec les meilleurs soins.
Dehors, nous allons à la montagne, à Bellewaede, à Versailles, au cinéma, voir des amis.
À la maison je te fais des crêpes, on regarde *Charmed* et *Plus belle la vie* en faisant des câlins.
À ta Cérémonie je m'assois hébétée sur le banc, au plus près de toi mon bébé.
À la maternité, je te donne le sein, puis tu es câlinée par ton papa, tes frère et sœurs.
À l'école, au collège pour toi maintenant c'est l'enfer, tu te bats seule et ne nous dis rien.

À l'école ta vie n'est que violences, exclusion, solitude, et pourtant tu es si brillante...
À l'hôpital je viens chaque jour te voir, te parler, te faire des effleurages même si tu ne sens plus rien.
À la maternité c'est le grand départ vers la maison et notre nouvelle vie avec toi.
Dehors nous nous promenons bras dessus-dessous, mangeons végétarien, faisons du shopping, parlons.
À ta Cérémonie, j'étouffe un cri en voyant la plaque « *Emilie Monk. 1998 – 2016* » sur ton cercueil.
À la maison c'est la vie de famille avec ses disputes, ses moments de bonheur, et toujours l'amour.

RESTER FORT

À la maison on voit que tu vas mal, on ne sait que faire, tu gardes le silence par peur et par honte…

À l'école, les harceleurs et les lâches t'ont convaincue que ta vie ne valait rien et t'ont détruite.

À ta Cérémonie, la salle envahie d'un grand soleil est pleine de monde ; tu es un Ange à présent.

À l'hôpital, le médecin dit : « *Elle est partie* » et je ne peux laisser mes bras te lâcher.

Dehors il y a la vie mais pour moi elle n'existe plus.

À la maternité, j'aurais aimé plus tard, un jour, te rendre visite ; mais cela n'arrivera pas.

Ta maman.

Laura Monk

Je me souviens

Je me souviens du plateau de jeux Polly Pocket magnétique.

Je me souviens de la grande maison, de sa sonnette, de ses meubles en plastique, de ses personnages trop gros pour les meubles Playmobil.

Je me souviens des maisons super évoluées que je te fabriquais à l'aide de cartes, blocs, Patafix, et tant de babioles et bricoles.

Je me souviens du temps que ça me prenait à fabriquer, et de toi qui trépignais d'impatience à l'idée de pouvoir jouer.

Je me souviens des vacances à la montagne, des parties de Harry Potter sur la DS, et du stress quand on devait aller manger et qu'on n'était pas à un point de sauvegarde.

Je me souviens de la rue de Valmorel, de la fontaine et des batailles d'eau, du poney-club, des jeux gonflables, du simulateur de deltaplane.

Je me souviens de la glace chocolat chocolat chocolat qui était peut-être un peu ambitieuse pour toi.

Je me souviens de Noël, de nos rendez-vous à 6 h 30 du matin pour attendre en fixant le réveil qu'il soit enfin 7 h pour descendre aller voir les cadeaux.

Je me souviens de l'heure que nous passions à secouer empiler palper soupeser replacer les cadeaux, et comme le temps semblait long et excitant.

Je me souviens de nous à côté de nos piles presque de notre taille, de maman qui prenait des photos pendant que notre attente prenait enfin fin.

Je me souviens des parties de petit bac, de la Bonne Paye, de Destin, de Cluedo, de Qui est-ce ?, de Puissance 4, du jeu avec les roues dont le nom m'échappe, de notre version de la bataille où je te laissais gagner, de Picpic pirate, de Bourrico, et tant d'autres.

Je me souviens des ateliers peinture, où on peignait les drapeaux du dictionnaire puis on les exposait.

Je me souviens des Kinder surprise que les parents achetaient deux boîtes à la fois pour toujours en avoir un nombre pair, et de la boîte rose où on mettait toutes nos surprises.

Je me souviens comme papa t'impressionnait en ouvrant les surprises des Kinder en mode karaté.

Je me souviens que tu me laissais construire les jeux, et je me demande si c'était juste pour me faire plaisir.

Je me souviens des Winx avec les titines.

Je me souviens des crêpes avec maman, debout sur des chaises, et du plan de travail de mille mètres de haut.

Je me souviens des épisodes de *Charmed* dans le canapé blanc le samedi soir, dans nos robes de chambre, avec nos Monster Munch.

Je me souviens des ciné-goûters et des petites mallettes jaunes.

Je me souviens de la frustration quand tu venais jouer dans ma chambre alors que je ne t'avais rien demandé, et que du coup c'était à moi de ranger.

Je me souviens de tout ce temps passé à jouer à la maîtresse, et comme c'est devenu évolué, comme il y avait un vrai emploi du temps, plein de matières, et même que j'avais mis des cours d'espagnol sans trop savoir comment faire.

Je me souviens des cours d'anglais où je te faisais écouter *Superbus*, des cours de dessin, de maths, des dictées.

Je ne me souviens pas du « c'est pas mal pour son nage » mais on me l'a tant raconté que j'en ai l'impression.

Je me souviens de cette fois où tu as gribouillé sur un dessin que j'avais mis deux heures à faire.

Je me souviens que j'avais alors écrit « *I hate you* » sur la feuille, et que tu avais demandé aux parents ce que ça voulait dire.

Je me souviens des parties de Mario Kart sur la DS, et des objectifs qu'on s'était vraiment acharnées à finir.

Je me souviens de cette fois où on a regardé presque tout *Heidi* en quelques jours.

Je me souviens de toutes ces fois où tu t'arrangeais bien pour que ce soit moi qui soit punie et pas toi.

Je me souviens que je ne comprenais pas pourquoi tu t'énervais quand on était punies ; moi ça m'allait bien de rester au calme dans ma chambre...

Je me souviens des batailles de pieds dans le canapé, qui finissaient systématiquement en drame international.

Je me souviens des fois où papa capturait nos doudous et où on devait les récupérer en survivant au monstre chatouilles.

Je me souviens de la vidéo où on chante une chanson en robes de chambre, et où on est absolument adorables.

Je me souviens des bons repas le dimanche, et du moment où on allait jouer pendant que papa et maman mangeaient du fromage, en attendant le dessert.

Je me souviens de la coccinelle, la pièce de théâtre qu'on avait inventée avec les titines, et de toutes les fois où on a imaginé diffuser ça à nos mariages respectifs pour nous foutre la honte.

Je ne me souviens pas d'assez de choses, je trouve, c'est vraiment con que ce soit toi qui sois partie, on a perdu des souvenirs dans l'histoire.

Je me souviens de tout le temps que je passais à lire puis sur mon ordinateur au collège et au lycée, et je me dis que j'aurais pu passer plus de temps avec toi.

Je me souviens qu'une fois je t'ai mis une claque, que c'était vraiment mal de ma part, je m'en veux encore, mais je ne sais plus ni quand ni pourquoi.

Je me souviens de la luge à la montagne, et que c'était absolument génial.

Je me souviens que tu me tapais de plus en plus fort pour voir à partir de quand ça me ferait mal. Drôle d'idée n'est-ce-pas ?

Je me souviens de *Plus belle la vie* dans le canapé avec maman.

Je me souviens des Sims, où de nouveau je fabriquais des maisons, et tu les faisais vivre.

Je me souviens des cochons d'Inde, une de tes grandes victoires vis-à-vis des parents.

Je me souviens des gloussements, roucoulements, petits cris, et de tout le temps qu'on a passé à les observer, les câliner, les photographier.

Je me souviens que l'école ça a toujours été difficile pour toi, mais à bien y réfléchir je ne me souviens pas du tout que tu m'en aies parlé.

Je me souviens de comment ça pouvait être, et je regrette vraiment que tu ne m'en aies pas parlé.

Je me souviens de mon incompréhension quand tu as arrêté d'y aller, et finalement je me demande si quelqu'un m'a dit pourquoi.

Je me souviens comme c'était difficile de partir de la maison alors que tout s'écroulait autour de toi, et que personne ne me parlait vraiment de ce qui se passait.

Je me souviens de toute la culpabilité que j'éprouvais à ton égard, à l'idée d'être une grande sœur de merde.

Je me souviens quand tu as dit à papa que tu étais très triste quand je venais car tu ne pouvais plus penser qu'à mon départ.

Je me souviens que c'était injuste car c'était pour toi, oui, juste pour toi que je rentrais à la maison.

Je me souviens que je n'ai jamais été capable de te faire part de ce genre de choses.

Je me souviens de la fatigue accumulée, des allers-retours Lille-Paris en l'espace de 20h, sommeil compris.

Je me souviens de toutes nos parties de Uno avec papa.

Je me souviens de la fois où je t'ai emmenée à Disney pour la première (et dernière) fois de ta vie, et comme c'était génial.

Je me souviens du colis que je t'avais envoyé à ton anniversaire avec de la pâte à prouts et des Kinder maxis, et comme ça t'avait fait rire.

Je me souviens que tu avais besoin que je te prouve que je tenais à toi, alors que moi je t'ai jamais embêtée avec ça.

Je me souviens comme tu voulais faire des trucs et comme je voulais être tranquille.

Je ne me souviens pas du tout qu'on ait profité de cette époque ensemble.

Je me souviens quand papa m'a téléphoné pour me dire que ça n'allait vraiment pas.

Je me souviens que je ne savais vraiment pas quoi faire.

Je me souviens quand tu m'as dit que le colis et la lettre que je t'avais alors envoyés valaient mille fois mieux que ma personne, et comme mon cœur s'est serré.

Je me souviens pas tellement de l'hôpital des médocs des psys, mais je crois que de toute façon tu n'aurais pas voulu.

Je me souviens comme on comprenait rien avec Juliette et Abel, et qu'on cherchait vraiment des explications à tout ce qui se passait, sans trouver la bonne.

Je me souviens qu'à chaque fois qu'il fallait que tout se passe bien, ça finissait en catastrophe.

Je me souviens de ton anniversaire à Cambridge, mon espoir de recréer une bulle de bonheur comme Disney l'avait été, et comme c'était loupé.

Je me souviens de la fois où on avait fait des chouquettes, et comme c'était génial.

Je me souviens des cours particuliers, comme on avait bien travaillé, et comme j'ai essayé de te faire comprendre comme tu étais intelligente, oui, toi, là, Emilie.

Je me souviens de l'exposition Lego avec Abel, qui était vraiment bien, et t'avait plu il me semble.
Je me souviens que tu devais m'apprendre à faire des kouign amann, mais que ça n'a pas pu se faire.
Je me souviendrai toujours de notre grosse engueulade, où je suis partie en coup de vent à Paris ; tu étais restée tout sourire avec moi, je t'avais offert plein de choses, puis arrivés au restaurant que j'aimais beaucoup avec papa tout d'un coup c'était la catastrophe, tu ne parlais pas, tu avais un air horrible, ce n'était pas possible, tu ne faisais aucun effort, mais où on en était arrivés, même plus foutus de manger un bout ensemble alors qu'on l'avait fait des milliers de fois, oui, même à des moments où personne n'allait bien, où tout le monde allait mal, est-ce que je te fais ça moi, est-ce que j'essaye de gâcher tous les moments de plaisir, qu'est-ce que ça serait si moi aussi je faisais la gueule quand je le voulais là comme ça sans explication ?
Je me souviens qu'à ce moment je ne voulais plus jamais avoir à vous parler.
Je me souviens que papa t'a convaincue que ça ne pouvait plus durer, qu'il fallait m'expliquer, nous réconcilier, parce que, après tout, si on était fâchées à ce point, c'est qu'on tenait l'une à l'autre, non ?
Je me souviens de cette longue discussion avec papa.
Je me souviens de cette longue discussion avec toi.
Je me souviens comme vous aviez tous les deux l'air défaitistes, et que moi j'acceptais de comprendre que ma petite sœur était malade, de l'aider si je pouvais, ou au moins d'essayer d'arrêter de lui rendre la vie si

difficile, mais fallait-il que j'accepte que ce serait peut-être comme ça pour toujours ?

Je me souviens comme papa m'a dit que je ne te jugerais pas si tu avais une jambe cassée et que tu ne faisais pas l'effort de marcher, et bah oui là c'est pareil, tu vois.

Je me souviens comme ça allait mieux après qu'on ait parlé.

Je me souviens qu'on a mangé des crêpes à ma crêperie préférée, et qu'on était heureux, que tu avais mangé, que tout allait bien.

Je me souviens quand tu t'es sentie glisser, que tu n'avais plus l'impression que tu pourrais choisir longtemps d'être ou non à l'hôpital, des listes d'attente, de l'angoisse.

Je me souviens que l'on devait aller voir un concert ensemble, que j'en avais tellement envie, que tu en avais tellement envie, mais que tu n'en étais pas physiquement capable.

Je me souviens que tu t'es excusée par sms, que je t'ai dit que je t'aimais, et que l'essentiel était que tu prennes soin de toi.

Je me souviens que je t'ai dit que tu n'étais pas à l'hôpital parce qu'on t'abandonnait mais parce qu'on voulait le mieux pour toi et qu'on n'était plus capables de te le donner.

Je me souviens que tu m'as remerciée, que tu m'as dit que tu m'aimais mais que le sentiment d'abandon persistait.

Je me souviens que je suis restée debout, sous le préau, à me demander si je devais te répondre ou te laisser tranquille.

Je me souviens du coup de téléphone de papa dans la voiture, car tu avais sauté du balcon.
Je me souviens de l'incertitude, de Juliette qui me demande de lui rappeler à quel étage est l'appartement, de la panique, de l'incompréhension, de trop de choses.
Je voudrais ne pas me souvenir des tubes dans ton nez et tes mains, des bandages sur ta tête, de ton teint pâle, de tes mains froides, de la courbe étrange de tes lèvres, de tes cheveux que l'on t'a enlevés progressivement, de tes yeux qui clignent.
Je me souviens du sentiment que nous t'avions trahie, que nous étions horribles, pourquoi on te faisait tout ça, après tout c'est ce que tu voulais, mourir, qui sommes-nous pour te forcer à vivre encore une fois ?
Je voudrais ne garder que tes sourires, tes rires, tes joues rondes, ta couperose, les boucles de tes cheveux, tes tâches de rousseur.
Je voudrais ne me souvenir que des bons moments que nous avons passés ensemble, et de l'amour que nous ressentions l'une pour l'autre.
Je voudrais que mon seul regret soit d'avoir passé si peu de temps avec ma petite sœur.
Je ne me souviens pas du monde avant toi.
Je me souviens encore du monde avec toi, mais il s'éloigne plus chaque jour.
Je me demande comment faisaient les gens quand il n'y avait pas de photos et de vidéos, pour ne pas perdre en eux les gens qu'ils aimaient.
Je n'ai pas l'impression de me souvenir de ton rire.

Je me souviens de cette vidéo que papa a prise sans nous le dire, un des derniers moments que l'on a passés ensemble, avec ton neveu que tu aimais tant. Je lui en suis infiniment reconnaissante.

Je me souviens de cette vidéo où tu fais la pub pour une application de géolocalisation de toilettes publiques, et comme c'est la première fois que ton souvenir m'a fait rire de manière pure, sans fond de tristesse et de douleur.

Quand je repense à cette période, je me dis que personne n'aurait pu deviner ce qui t'est arrivé.

Je ne me souviens pas précisément quand vivre est devenu si difficile pour toi. Mais je te remercie d'avoir essayé de t'accrocher pour nous, si longtemps, et j'ai eu le temps de me rendre compte comme c'était horrible pour toi.

Je suis heureuse que tu aies pu te libérer, et je ne peux t'en vouloir.

Je me souviens de ma petite sœur, et c'était vraiment quelqu'un d'extraordinaire.

Emilie Monk

June

À ma famille
À mes amis
À ceux qui subissent la vie
À tous ceux qui luttent
Restez forts
Battez-vous
On finit par s'en sortir.

Chapitre 1

— Nan il t'a dit ça ?
— Mais oui je te jure !
— Oh mais quel con, quoi, j'hallucine !
— Bah ouais, j'ai dit : « si c'est ça va voir ta pute ! » Nan mais, il m'a pris pour qui, sérieux ? Je suis une femme, moi !

Je soupirai... C'était consternant. Plus que 2 minutes à tenir...

— Ahhhh c'est lui ! Il m'a envoyé un message !!
— Vas-y, vas-y il a dit quoi ?
— Il veut qu'on se remette ensemble...
— C'est trop mignon ! Qu'est-ce que tu vas dire ?
— Bah, je lui dis oui, c'est obligé, il est canon !
— Ça va sonner, viens on va rejoindre les autres.

Elles sortirent en riant. Enfin. Pourquoi fallait-il toujours que ces idiotes aient leurs conversations stupides aux toilettes ? Ne pouvaient-elles pas les laisser à celles qui veulent la paix ? Enfin, celle.

Car à part moi, je ne voyais personne passer ses récréations planqué aux toilettes.

Bref, ça sonnait, je pouvais enfin sortir. Quoique, j'aurais peut-être préféré y rester, vu ce qui m'attendait...

Les toilettes étaient le seul endroit dans ce foutu collège où j'étais sûre d'être tranquille. Ne serait-ce qu'épargner 15 minutes de supplice à ma journée ferait qu'elle serait moins insupportable. Malheureusement, ce moment de paix ne durait qu'un trop court moment.

J'avançais dans la cour en direction du rang de 5e2. Je sentais sur moi les regards des autres. Je voyais leurs sourires quand ils me scrutaient, je sentais leurs yeux se poser sur mes vieilles baskets, mon jean effiloché, mon pull à col roulé et mon sac à dos. J'entendis quelques « clocharde ! » mais je n'y prêtai pas attention.

Je retrouvai dans mon rang les deux charmantes demoiselles des toilettes, ainsi que leurs petits moutons surmaquillés aux sacs de luxe et hauts talons et ces idiots boutonneux qu'on appelle des garçons.

Je me mis en retrait, comme d'habitude, le plus loin possible des autres. 10 mètres de cour, 156 marches et un couloir nous séparaient de la salle de classe. Ce trajet était pour moi comme le parcours du combattant. Esquiver les coups, les croche-pieds et les crachats. Fermer ses oreilles aux insultes et moqueries. Surveiller son sac et ses cheveux.

Retenir ses larmes. Encore et encore. Pendant ces infinies minutes.

L'habitude fit que j'arrivai indemne. Je pris ma place, devant à gauche, seule, avec un périmètre de sièges vides me séparant des autres.

— Hé tu sais pas quoi ? s'exclama un gars suffisamment fort pour que toute la classe l'entende sauf le prof. Il paraît qu'ils vont décerner un prix aux intellotes les plus moches de chaque pays.
— Ah ouais ? pouffa son voisin. Je te parie qu'on a la gagnante dans la classe !
— Mais tu sais que ça aurait vraiment pu ! Malheureusement, seules les filles peuvent participer ! Pas la chose qu'on a là-bas...

La classe explosa de rire. Voyant que je ne réagissais pas, il m'envoya son équerre dans la tête. J'étais tellement concentrée pour me retenir de pleurer que je ne me rendis pas compte que le prof me parlait.

— Vous avez l'air bizarre, Emilie. Vous voulez aller aux toilettes ?

Il manquait plus que ça.

— T'as besoin d'aller te soulager un peu ? cria un rigolo.

Nouveaux éclats.

— Allez un peu de calme. Reprenons.

Le prof se retourna et recommença à écrire. Je tâchais de faire de même et d'ignorer ce qui continuait d'être dit derrière moi.

— Elle, il faudrait carrément lui créer une catégorie. Genre, la meuf qui sait ni s'habiller ni se coiffer par exemple ! ricana une fille.
— Nan, plutôt la meuf qui a pas compris que ça, c'est le placard de sa grand-mère, pouffa sa voisine.
— Tu crois qu'elle sait que ça existe les miroirs ?
— Bah non, sinon elle serait déjà morte de honte !

Arrête de les écouter. Pourquoi tu veux toujours savoir ce qu'ils disent ? Ignore-les. Ils ne savent rien. Ils sont bêtes. Ils parlent trop. Ils doivent sûrement dire ce qu'ils pensent...

Arrête d'écouter !

Je me mis une baffe virtuelle et plongeai dans le cours et les paroles de mon prof. Tout en restant attentive aux projectiles dont je pourrais être la cible.

Lorsque la sonnerie retentit, la classe se vida à vitesse éclair. Il ne restait que moi, qui ne comprenais jamais comment ils faisaient tous pour ranger leurs affaires aussi vite.

C'était le moment que je détestais le plus dans ma journée : la pause déjeuner. Plusieurs épreuves se déroulaient en cette heure et demie.

D'abord, aller manger. Se faufiler entre deux groupes de personnes qui ne me connaissent pas pendant l'attente, éviter les gens de ma classe. Et trouver une place à une table avec des gens qui ne feraient que m'ignorer, rien de plus. Ils étaient facilement repérables, ces gens-là. C'est ceux qui mangent en petit comité, qui ne sont pas trop jeunes. C'est souvent des mecs qui ont juste une bonne gueule.

Manger sans y prendre plaisir, se dépêcher pour pouvoir sortir de cette salle horrible pleine de groupes d'amis qui se marrent, tout en ne mangeant pas trop vite pour ne pas non plus attendre trop longtemps dehors.

Une fois mon repas terminé, je montais au quatrième étage d'un bâtiment de cours, l'étage où il n'y avait jamais personne aux heures creuses car personne n'avait la foi de monter jusqu'au quatrième. C'était là que j'allais toujours à la pause, il n'y avait qu'un couloir lumineux avec de grandes fenêtres donnant sur la cour. Un endroit parfait pour passer une heure tranquille à lire son bouquin, collée au radiateur.

Parfois, je regardais les autres par la fenêtre, je les voyais s'amuser et je me demandais ce qu'ils pouvaient bien avoir de plus que moi.

C'était ici aussi que je me répétais : « t'as fait la moitié de la journée, plus que l'autre ». Mais aussitôt une autre pensée venait tout gâcher : « et demain faudra recommencer ».

En fin de compte, le déjeuner n'était pas le pire moment de la journée. Je passais une bonne heure plongée dans mon roman chéri. La passion des livres m'était venue très tôt. C'étaient mes trésors, mes seuls amis. Je les aimais comme mes bébés.

Une heure dans un univers fantastique c'était plutôt chouette.

Sauf quand quelqu'un venait m'en sortir.

Chapitre 2

— Heyyyy salut !

Je relevais la tête, surprise de voir quelqu'un ici. C'était un gars qui devait être en quatrième. Je ne le connaissais pas, ni lui, ni les cinq types qui se tenaient derrière lui.

Je le sentais pas.

— Tu sais qu'ici c'est notre spot ?
— Ça m'étonnerait. Ça fait trois mois que je viens ici tous les jours et je t'ai jamais vu.
— C'est qu'elle parle, la sans-amis !! Vous avez vu ça les gars ?

Ses potes me regardèrent avec un sourire mauvais.
Je le sentais pas du tout.
Il se pencha vers moi et m'arracha mon livre des mains.

— Alors ça lit quoi un sans-amis ? Je connais pas. Vous connaissez les gars ? dit-il en le brandissant en l'air.

Je me levai d'un coup. À ce moment, je décidai de ne plus faire la maligne. Il avait mon livre. Mon livre chéri. Ma seule compagnie.

— Oh la la, regardez-la, je lui ai pris son petit livre, elle se sent plus. Tu le veux ? Tu le veux ? Tiens !

Il le brandit devant moi, bien trop haut. Je ne lui ferais pas le plaisir de sauter pour essayer de l'attraper.

— Rends-le moi, s'il te plaît.
— Si tu le veux, va le chercher !

Il s'avança vers l'escalier et le lâcha. Le livre dévala les marches. Au moment où je m'élançai pour aller le chercher, il se mit devant moi. Je le poussai et me frayai difficilement un passage parmi ses amis qui prenaient un malin plaisir à m'empêcher de passer. Je courus dans l'escalier aussi vite que me le permettaient mes jambes, et me jetai sur mon trésor. Je savais à leurs rires qui résonnaient dans la cage d'escaliers à quel point j'étais ridicule, mais j'en avais rien à faire. Je me mis à l'abri un étage plus bas, et le serrai dans mes bras. Il n'avait rien. J'avais eu tellement peur que ce pauvre type arrache les pages ou le piétine que mon cœur battait encore la chamade. Quand il s'agissait seulement de moi, je n'avais pas peur de ces gens. Je savais très bien me défendre, j'avais déjà bien compris ce qu'il fallait faire.

Leur répondre, d'égal à égal. Car ce genre de lâche n'ose que très rarement se battre. Et je m'en foutais tellement de me faire frapper que je n'avais pas peur. Mais je ne pouvais pas supporter qu'on fasse du mal à mes bébés.

D'ailleurs, ils me pourrissaient déjà tellement la vie que je ne comprenais pas pourquoi ils continuaient. Peut-être voulaient-ils me retirer toute joie, toute petite forme de joie possible.

Je n'avais plus qu'à prier pour que ces mecs ne reviennent pas demain, sinon j'allais avoir à me trouver une nouvelle planque. J'espérais ne pas avoir à passer une heure supplémentaire chaque jour aux toilettes. J'espérais qu'ils ne m'aient pas enlevé mon refuge.

La sonnerie retentit. « Plus que deux heures de cours, quinze minutes de récréation et une heure de cours. »

Lorsque j'arrivai dans le rang, un gars de ma classe me regarda et s'exclama avec un grand sourire :

— Bah alors Emilie, t'as l'air bizarre, tu veux aller aux chiottes ?

Un autre qui se tenait derrière moi me poussa hors du rang, je trébuchai et tombai devant tout le monde.

C'est en les voyant rire ainsi que je ne pus retenir mes larmes.

« Plus que deux heures de cours, quinze minutes de récréation et une heure de cours.

Plus que deux heures de cours, quinze minutes de récréation et une heure de cours.

Plus que deux heures de cours, quinze minutes de récréation et une heure de cours.

Plus que deux heures de cours, quinze minutes de récréation et une heure de cours.

Plus que deux heures de cours, quinze minutes de récréation et une heure de cours. »

Je me relevai péniblement et entendit quelqu'un crier :

— Tu veux un mouchoir ?

Je vis à travers mes larmes qu'on me lançait des mouchoirs usagés. Je m'en pris dans le visage, dans les cheveux, sur mes habits. C'est en baissant la tête pour la protéger que je vis le sang sur mes genoux.

C'est à ce moment qu'arriva la prof. On monta en classe, et peu après le début du cours, j'entendis :

— Hé Emilie, t'as pas un mouchoir ?

Je vérifiai et vis qu'il ne m'en restait aucun. Je me retournai et lui fis signe que non.

— Pourtant avec tous ceux qu'on t'a donnés tout à l'heure tu pourrais partager quand même !

Lasse, je retournai à mon cahier. Je sentis une seconde plus tard quelque chose atterrir dans mes cheveux. En les touchant à la recherche d'une boulette ou d'un stylo, je sentis un chewing-gum, bien collé à une mèche.

— Je t'avais demandé un mouchoir, fallait m'en passer un !

Rires habituels.

Aux toilettes, deux heures plus tard, enfermée dans ma cabine, j'essayai de l'enlever, mais rien à faire. Je dus me résoudre à couper la mèche. Ils pourront se moquer tant qu'ils veulent, c'est toujours mieux que de se promener avec un chewing-gum dans les cheveux.

Il ne restait qu'une heure avant le retour à la maison. C'était l'heure des clubs, la dernière heure de la journée, où on allait aux activités qu'on avait choisies en début d'année.

Aujourd'hui, j'avais Échecs. Une activité que je n'avais pas choisie uniquement pour m'amuser, mais aussi parce que les gens qui s'y étaient inscrits seraient forcément moins stupides et superficiels que ceux qui me faisaient la guerre. Ce qui était vrai, à une ou deux exceptions près. L'heure se déroula sans encombre, à part lorsque j'allai chercher mon sac.

Un chewing-gum était collé dessus, quelqu'un avait écrit à côté au marqueur : « Celui-là tu pourras pas le couper » et derrière le sac était écrit « Par contre moi je coupe ce que je veux ». Je vis que les bretelles étaient coupées.

Sur le chemin pour rentrer chez moi, je laissai les larmes couler sur mes joues. Je ne me le permettais que trois fois par jour : le matin avant d'aller au collège, le soir en rentrant, le soir dans mon lit. Mon sac pesait lourd dans mes bras, et c'était difficile de cacher le chewing-gum sans le toucher. Dans le métro, je fis en sorte que personne ne remarque ni l'état dans lequel était mon pauvre sac, ni celui dans lequel était sa pauvre propriétaire.

Les journées se ressemblaient tellement que je ne savais pas comment j'allais pouvoir tenir.

Chapitre 3

— Ça va ma chérie ? Comment a été ta journée ? me demanda ma mère en me serrant contre elle.
— Nickel.

J'avais décidé de ne rien dire à personne de l'enfer que je vivais au collège pour plusieurs raisons.

Déjà, je ne voulais pas que mes parents sachent à quel point j'étais pitoyable.

Ensuite, je ne voulais pas qu'ils s'inquiètent.

Et enfin, je savais qu'ils iraient voir le principal pour lui dire et je savais très bien que ça ne ferait qu'empirer la situation.

Oui, ils me trouveraient pitoyable. Ils savaient qu'à l'école je n'avais jamais eu d'amis, alors je faisais comme si j'en avais pour qu'ils ne pensent pas avoir donné naissance à une pure sous-merde.

Pour qu'ils ne pensent pas comme moi, quoi.

— Salut P'pa.

Mon père était dans la cuisine, à la table, devant son ordinateur. Comme d'habitude.

— Hello darling. Had a good day ? dit-il sans relever les yeux de son écran.

Qu'est ce qu'ils avaient à me poser cette question tous les deux tous les jours ? A croire qu'ils savaient...

— Nickel, comme d'hab.
— Good.

Je le laissai et montai dans ma chambre pour faire mes devoirs. Je fis un saut dans la chambre de ma grande sœur, à côté de la mienne.

— Salut Laura !
Elle était à son bureau, studieuse, en train de faire ses devoirs. Laura, quoi.

— Salut, dit-elle sans relever les yeux de son travail.

Décidément, c'était de famille.

Laura était une sœur bizarre. Particulière.

Physiquement, on ne se ressemblait pas beaucoup. Elle était grande, avec des cheveux foncés, épais et raides, alors que j'étais une petite blonde frisée.

Mais notre père anglais nous avait donné nos seules ressemblances : la peau blanchâtre, les taches de rousseur et les yeux verts brillants.

Elle consacrait toute sa vie à ses études et était brillante. Nous n'avions que trois ans d'écart mais c'était comme si on en avait au moins cinq.

Quand j'apprenais à parler, elle travaillait.

Quand je jouais aux barbies, elle travaillait.

Et maintenant que j'étais plus grande, elle travaillait toujours.

C'était d'ailleurs comme ça que j'avais réussi à attirer son attention. J'avais très vite compris que les jouets c'était pas son truc, tout comme les conneries ou les complots de groupe. J'ai longtemps, étant petite, attiré son attention en l'emmerdant du mieux que je pouvais, mais j'ai surtout réussi à m'attirer ses foudres.

Alors je m'étais intéressée au seul truc qu'elle aimait : l'école. Enfin, le travail scolaire. Elle acceptait toujours de m'aider, non sans rechigner, mais je savais qu'elle aimait m'expliquer parce qu'elle ne me laissait jamais quitter sa chambre sans avoir bien tout compris.

J'avais toujours prétendu le contraire, mais c'était grâce à elle que j'étais si douée et que j'avais toujours été première de ma classe. Non sans son lot de problèmes, comme s'être, du coup, toujours attirée la haine des autres enfants.

Laura était très secrète, mais je savais qu'elle aussi avait la vie dure au collège. Elle ne se confiait jamais, mais je sentais qu'elle en avait gros sur le cœur elle aussi.

Oui, elle était vraiment bizarre comme grande sœur. On n'était pas très proches au final, mais je savais que je l'aimais et qu'elle m'aimait aussi, même si on était trop fières pour se le dire. Et même si elle était chiante, elle était plutôt chouette comme sœur.

Et elle me prouverait plus tard que j'avais raison.

Mais revenons à nos devoirs. Un DM de maths, des exos de français et un texte à lire en espagnol. De quoi m'occuper une bonne partie de la soirée.

Pour demain.

Youpi.

Virginie Monk

Donner la vie

Je t'ai donné la vie, tôt, un matin.
Tu semblais la vouloir si fort, tu dégageais une telle envie de vivre...
Elles n'existaient pas encore, ces harceleuses, les deux premières années de ta vie.
Ils n'existaient pas davantage.
Tu te laissais volontiers materner par tes parents et ta grande sœur.
Je savourais cette période de câlins, de jeux, de promenades en famille.

Je t'ai emmenée à l'école, tu avais deux ans et demi.
Tu y es entrée avec confiance, les maîtresses étaient bienveillantes.
Elles étaient gentilles, tes premières copines à l'école.
Ils étaient plus turbulents les garçons, mais rien de trop méchant encore, à cet âge.
Tu aimais aller à l'école avec ta grande sœur
J'aimais t'y emmener, te chercher le midi, t'y reconduire et revenir pour rentrer à la maison.

Je continuais ainsi, connaissant les enfants, leurs parents et les maîtresses.
Tu avais des copines qui venaient à tes anniversaires et t'invitaient aux leurs.
Elles t'aimaient pour la plupart, et tu le leur rendais bien.
Ils étaient moins nombreux, plus agités, et parfois violents les garçons.
Tu étais déjà brillante et précoce.
J'étais heureuse pour toi, je pensais que tout irait bien.

Je t'ai inscrite au collège avec ton papa, pour suivre tes deux meilleurs amis.
Tu pensais que vous formeriez un groupe d'amis dans une amitié solide.
Elle a mis en place son jeu «*Je te jette, je te reprends*».
Il suivait bêtement, en mouton sans personnalité.
Tu en as souffert, mais ce n'était rien face à ce qui t'attendait.
Je me sentais impuissante dans ces méchancetés de préadolescents.

Je voyais bien que tu n'étais pas épanouie dans ce collège.
Tu étais brillante, aimais les livres, tu travaillais pour devenir vétérinaire.
Elles se préoccupaient de leur maquillage, leurs vêtements et sacs de luxe.
Ils tentaient, en t'humiliant, de masquer leur médiocrité.
Tu restais stoïque, tu te battais seule contre tous.
Je ne savais rien, tu avais la force de garder tout ça pour toi.

Je ne savais pas que tu étais en train de te faire démolir.
Tu résistais à leurs violences comme peu d'adolescentes auraient pu le faire.
Elles pensaient que tu n'étais rien, alors que tu étais un joyau, plus courageuse qu'eux tous.
Ils mettaient de la viande dans ton assiette à la cantine, sachant que tu étais végétarienne.
Tu as supporté l'exclusion, les insultes, les vols, les humiliations, les coups.
Je donnerais à présent n'importe quoi pour avoir su cela et pouvoir te défendre.

Je suis rongée de culpabilité de n'avoir pas su, car tu le cachais si bien...
Tu avais honte, peur, et si peu confiance en ces adultes qui ne te défendaient pas.
Elles ont détruit ton estime de soi, puis ton envie de vivre.
Ils se sont acharnés sur toi, en groupe, c'était si facile pour des garçons plus âgés...
Tu vivais dans la terreur et la solitude à l'âge où on doit rire avec ses amies.
Je m'en voudrai tant que je vivrai de n'avoir rien pu faire pour toi.

J'ai demandé aux adultes de veiller sur toi et de sanctionner les agresseurs.
Tu attendais sans doute qu'ils fassent leur travail et mettent un terme au harcèlement
Elles faisaient comme si rien ne se passait, pour éviter de devoir intervenir
Ils n'étaient pas davantage courageux et fermaient également les yeux.
Tu n'as trouvé aucune aide chez ces adultes censés te protéger.
J'apprends aujourd'hui qu'ils prétendent n'avoir rien vu, rien entendu...

Je te confirme, mon Emilie, que ce n'est pas toi qui avais un problème.
Tu es ensuite entrée dans un lycée où tu as été acceptée et aimée telle que tu étais.
Elles t'avaient pour amie, disent toujours que ton sourire était « *leur rayon de soleil* ».
Ils étaient tes amis, tes potes, ton grand frère.
Tu as vécu là une année de bonheur, entourée d'ados et d'enseignants bienveillants.
Je leur en suis reconnaissante à tout jamais.

Je pensais, comme ton papa, que tu avais trouvé une nouvelle voie.
Tu t'épanouissais, tu pensais pouvoir oublier ce collège de l'enfer.
Elles ne se sont jamais souciées de ton « départ » brutal du collège, tes harceleuses.
Ils n'ont pas même daigné répondre à ton faire-part de décès, les adultes complices...
Tu n'aurais jamais dû te trouver dans cet établissement violent et lâche
Je me maudis de t'y avoir inscrite, pensant que tu pourrais y travailler comme tu le voulais.

J'ai été catastrophée quand tu as dû quitter le lycée professionnel pour raison de santé.
Tu l'as vécu comme un second échec, ta dépression a refait surface.
Elles ne savent peut-être pas à quel point leur harcèlement t'a détruite
Ils nient tous aujourd'hui, anciens élèves comme enseignants.
Tu aurais été sans doute indignée, comme nous, par tant de lâcheté.
Je demande reconnaissance et Justice pour ma petite fille disparue.

J'ai assisté impuissante, comme ta famille, à ton déclin et ton désir de mourir.
Tu as cessé de vouloir vivre, tu as arrêté de te nourrir, tu te considérais une « rien ».
Elles pavoisent aujourd'hui, fières de leur physique, leur maquillage, leur « succès ».
Ils ont aujourd'hui leur bac, une amoureuse, une vie sociale, professionnelle et familiale.
Tu ne connaîtras jamais tous ces bonheurs par leur faute, mon bébé, c'est inconcevable.
Je suis morte à l'intérieur aussi depuis qu'ils et elles t'ont ôté la vie.

Ta maman.

Juliette Monk

Ce que m'a appris Emilie

À la suite du suicide d'Emilie, je me suis posé beaucoup de questions sur la manière dont nous vivons notre scolarité. Ayant un enfant en bas âge, je me suis aussi beaucoup penchée sur les méthodes d'éducation. Je ne suis pas psy et je n'ai jamais travaillé en milieu scolaire, à part une année où, mon fils étant en crèche parentale, j'ai eu la chance d'être avec les enfants une demi-journée par semaine et de pouvoir beaucoup dialoguer avec différents professionnels, pas simplement au sujet de mon enfant, mais sur le développement des enfants en général.

J'ai aussi fait une petite rétrospective pour essayer de comprendre comment mon frère, mes sœurs et moi avions vécu l'école. Nous avions tous les quatre des niveaux scolaires différents, mais nous avons en commun d'avoir tous mal vécu le collège et d'avoir été plus ou moins harcelés à cette époque.

Il est apparu que nous avons été harcelés pour diverses raisons : trop bons résultats, surpoids, timidité. Bref les « enfants » trouvent toujours des raisons pour se railler les uns les autres.

Mes réflexions m'ont amenée à me demander pourquoi les enfants ne peuvent s'empêcher de se moquer les uns des autres. Parents et enseignants ne pourraient-ils pas travailler conjointement au développement de l'enfant ? Et pas simplement en se fondant sur les bonnes notes et en se disant que tant que les notes vont, tout va ?

Aujourd'hui, j'ai repris mes études, et quelque chose m'a frappée. Alors que nous n'avons rien à prouver à personne qu'à nous-mêmes, nous avons toujours la pression des notes et beaucoup d'entre nous perdent de vue l'objectif premier qui est de comprendre et non de se « bourrer le crâne » de données et de mots compliqués, sans les avoir correctement assimilés.

J'en suis arrivée à cette conclusion : la notation, dès le début de la scolarité, même si elle sert à évaluer les enfants, a pour conséquence d'installer une compétition, une course à la note et non à l'acquisition et à l'assimilation des connaissances.

Et il en découle :

- une rivalité malsaine chez les enfants, que l'on retrouve ensuite dans le milieu du travail,
- une séparation entre les bons et les mauvais élèves,
- une humiliation des moins bons, allant du rendu des copies en ordre croissant ou décroissant, à des professeurs qui lisent les moins bonnes copies devant toute la classe (expérience vécue qui m'a amenée à rendre des copies blanches afin qu'il n'y ait rien à lire),
- une mise en exemple des meilleurs, avec pour conséquence le développement de la jalousie à leur égard.

À partir de toutes ces idées, quelques petites pistes me sont apparues :

La notation des enfants en primaire est-elle nécessaire ? Leur apprendre l'auto-évaluation de leurs acquis ne serait-il pas plus favorable à leur développement personnel ? Leur apprendre à être honnêtes avec eux-mêmes, à avoir confiance en eux, en leurs capacités, ne serait-il pas plus enrichissant que d'essayer de leur imposer des notions par la compétition et la honte ?

Ne serait-il pas possible de faire faire les exercices aux enfants par groupes au sein desquels les élèves auraient des niveaux différents ? Il me semble qu'en forçant un peu les choses et en associant des enfants sans affinités particulières, on pourrait créer des échanges, une meilleure communication, et de l'entraide.

De plus, cette notation ne reflète pas toujours nos capacités. Un exemple me vient en tête, qui date du lycée. J'étais partie en Angleterre avec une amie, bonne en anglais puisque sa moyenne oscillait aux alentours des 17. Moi, en revanche, à moitié anglaise, ayant des difficultés à l'écrit, je me hissais grâce à l'oral à environ 13. Je me rappellerais toujours de la tête de mon amie lorsque, arrivées là-bas, elle m'a dit : « Juliette c'est une catastrophe je comprends rien, je croyais pourtant être forte en anglais ».

Et, enfin, qui a décidé qu'un intellectuel valait mieux qu'un manuel ? Est-il normal que l'on se sente comme le dernier des abrutis, lorsque l'on nous oriente vers un CAP ou un BEP ? Il serait bien de se rappeler qu'il faut de tout pour faire un monde, et que les architectes ne seraient rien sans les bâtisseurs, et vice versa.

Je trouve que chez beaucoup de gens apparaît ce manque de confiance en leurs compétences, qui est à mon sens inquiétant. Aujourd'hui, même les « bons » élèves ont peur de ne pas réussir tel ou tel examen. Ce stress, en plus d'être contre-productif, est très néfaste pour tout notre organisme, aussi bien sur le plan psychologique que somatique.

Pour en revenir à ma première phrase au sujet des enfants qui trouvent toujours un moyen de se railler les uns les autres, j'ai l'impression qu'au-delà de nos compétences intellectuelles, on nous élève depuis notre enfance dans une séparation entre « *winners* » et « *losers* ». Par conséquent, une partie de la population se sent obligée d'écraser l'autre pour exister. On peut donc considérer que ce qui est mis sur le dos d'un « comportement d'enfant » quand il s'agit d'ados n'en est en réalité pas un, puisque l'on retrouve les mêmes schémas chez les adultes. Vous trouvez normal qu'on élève nos enfants dans l'idée qu'un « *winner* » est donc l'exemple à suivre, parce qu'il met tous les moyens en œuvre pour arriver à ses fins, sans se soucier des dommages collatéraux ?

Cela pose des questions sur ce que l'on veut vraiment pour notre société en général, pour son avenir et donc pour nos enfants qui en sont précisément l'incarnation. À force de nous éloigner à ce point de nos sentiments et de nos ressentis, nous sommes en train petit à petit de devenir des êtres dénués d'empathie et de compassion. Comment écouter les autres, si on ne s'écoute déjà pas soi-même ? Comment grandir et s'épanouir dans un monde où on nous dit sans relâche :

- Ne pleure pas !
- N'exprime pas tes sentiments !
- Tais-toi, les adultes parlent ! (de toi, ok, mais tais-toi quand même !)
- Ne réponds pas ! (je n'en tiens pas compte, de ton avis)
- Ne te mêle pas des affaires des autres ! (sauf si c'est pour en rire)
- Aie de bonnes notes !
- Et surtout si tu ne fais pas ci ou ça, ou bien si tu fais ci ou ça, tu seras puni !

La punition, quelle grande menace ! Le but n'est pas de la supprimer, mais sert-elle à quelque chose quand elle s'exerce sans raison ? Quel meilleur moyen qu'une punition si elle est transformée en réflexion ? Si elle amène un enfant à réfléchir sur ses actes et sur leur portée ? Bien sûr que les enfants font des bêtises, c'est en faisant des bêtises que l'on grandit. Mais à nous, en tant qu'adultes, de rendre ces bêtises constructives.

Punir un enfant qui fait mal à un autre enfant sans lui expliquer ce qu'il a fait de mal à l'autre et que l'on ne fait pas aux autres ce que l'on n'aimerait pas qu'on nous fasse ne sert à rien. Pourquoi ne recommencerait-il pas ? S'il n'a pas d'explication sur la portée de son geste, comment peut-il comprendre ?

Il faut arrêter de penser qu'expliquer aux enfants ne sert à rien, qu'ils ne sont pas en âge de comprendre.

Prenons, par exemple, la gestion des conflits dans une crèche auprès des enfants de deux à trois ans. Lorsqu'un enfant veut le jouet d'un autre, il en résulte systématiquement de la violence physique. À ce moment un adulte intervient et dit à l'enfant qui s'est fait prendre son jouet : « Tu as le droit de dire que tu n'es pas d'accord ». Et à l'autre : « S'il te dit qu'il n'est pas d'accord, tu dois le respecter, comme tu veux que l'on respecte ton choix quand tu n'es pas d'accord ». Au début de l'année, j'étais la première sceptique, et au fur et à mesure de l'année, à force de répétition, j'ai observé les enfants se dire mutuellement : « pas d'accord PAS D'ACCORD ». Et, grâce à ce « pas d'accord », apprendre à exprimer leur frustration, car il est important de l'exprimer, de ne pas la ravaler. Mais aussi de ne pas l'exprimer par un geste agressif, et ça marche !

En conclusion, si on apprend à nos enfants à avoir confiance en eux, à s'aimer, à ne pas avoir honte de ce qu'ils sont et de ce qu'ils aiment, et à exprimer leurs frustrations et leurs opinions sans violence, on aura fait un grand pas !

Avant Emilie, je ne me serais peut-être pas trop posé la question, aujourd'hui, confier l'éducation de mon fils au programme imposé par le Ministère de l'Éducation Nationale ne me semble plus aussi évident.

Laura Monk

Pourquoi tu lis ?

I

— Hé qu'est-ce tu lis ?
— Ouais ! Tu lis quoi ?

Son cœur se serra. « *Encore...* ». Elle glissa, imperturbable, le long du banc.

— Ouais, vas-y, on t'cause !!

Elle se recroquevilla encore un peu plus sur elle-même, et ne cilla pas. « *... valait ne pas traîner pour l'exécuter. Du moins, si vous teniez...* ».

— Putain, mais c'est qu'elle nous écoute pas, celle-là !
— Nan, mais laisse béton. Elle est conne, c'est tout.
Ils partirent vers une victime plus réactive.
Elle lâcha un petit soupir. *Enfin...*

II

Doucement, Jeanne, Chloé et Camille s'approchèrent. Lucie, qui avait deviné de loin la manœuvre, fit mine de ne rien voir. Après tout, elles étaient avec Chloé, celle avec qui elle avait déjeuné pas mal de fois.

— Lucie...

Elle leva la tête, feignant la surprise.

— Oui ?
— Pourquoi tu lis ?

C'était Jeanne. Elle choisit l'honnêteté : elle n'en pouvait plus de mentir.

— Bah... Parce que je n'ai rien d'autre à faire.
— Pourquoi ?
— J'ai l'air d'avoir quelqu'un avec qui parler, là tout de suite ?

Derrière, Camille laissa échapper un petit rire. Lucie implora Chloé du regard, mais elle ne lut pas dans ses yeux la même chose qu'à la belle époque où elles déjeunaient toutes les deux.

— Mais... T'aimes bien être toute seule ?

Jeanne lâcha cette phrase comme si elle parlait à une malade, de préférence contagieuse. Dans ses yeux, il y avait presque de l'effroi...

— Non.

Cette réponse sortit de la bouche de Lucie avant même qu'elle ne puisse y réfléchir. Elle survenait comme une évidence : pourquoi elle, celle qui avait été une petite fille si sociable, si joyeuse et ouverte, aurait aimé être toute seule ? Comment les gens pouvaient-ils penser cela ?

Les trois amies sursautèrent presque. Elles ne s'attendaient pas à tant d'énergie dans la voix de cette fille. Après tout, si elle voulait des amies, elle n'avait qu'à s'en faire ! C'était pas si compliqué !!

III

Lucie se retourna dans son grand lit. Elle tira la couverture à elle.

Elle se retourna encore. Elle ne parvenait pas à trouver le sommeil.

Une larme coula pour aller s'écraser sur son oreiller.

Pourquoi ça devait être si compliqué ? Quand elle avait déménagé, elle pensait retrouver un collège comme l'ancien, un collège où les élèves étaient accueillants.

Mais que faire ? Personne ne lui parlait, sauf quelques élèves trop curieux, ou qui n'ont rien d'autre à faire que de se réjouir du malheur des autres.

Elle aurait tellement aimé être heureuse...

Elle rejeta la couverture sur le côté. Mais elle eut froid et s'emmitoufla à l'intérieur.

Non, elles ne méritent pas que je me fasse tant de mal pour elles. Elles n'en valent pas la peine...

Elle s'endormit.

IV

— Aaaah !

Elle se leva en sursaut. Elle était en nage et son souffle était court.
Encore un cauchemar...
La porte s'ouvrit soudainement.

— Qu'est-ce qui se passe !!??

C'était son père, James. Il portait une vieille tenue de basket, datant de ses années lycée. Il passa sa main dans ses cheveux bruns : il était inquiet. C'était la troisième fois cette semaine...

— Chérie, tu sais que tu peux tout me dire, dit-il en s'asseyant au bord de son lit. Tu as des problèmes au lycée ?
— Non... C'est rien.

Ce n'était pas bien convaincant... Elle ne voulait pas dire la vérité à son père. C'est lui qui l'avait conseillée pour le choix de son lycée, elle ne voulait pas qu'il ait de remords.

— Tu es sûre ?
— Oui.

Il haussa les épaules, l'embrassa sur le front, remit sa couverture en place. Après un dernier coup d'œil, il sortit de la chambre, laissant la porte entrouverte.

Lucie souffla. C'était si dur de mentir à son père...

Elle comprit qu'il n'était pas la peine de se recoucher. Elle s'assit en tailleur sur son drap, et regarda autour d'elle.

Sa chambre était presque vide : la faute au déménagement. Elle en avait profité pour se débarrasser de tout le bazar qu'elle avait accumulé à Bordeaux, les seize premières années de sa vie. Elle était partie de l'idée « *Nouvelle maison, nouveau lycée, nouvelle vie !* ».

Il y avait donc une bibliothèque à moitié vide, un petit bureau, une penderie, et son vieux lit. A côté, une toute nouvelle table de chevet supportait un réveil, quelques livres et magazines, ses lunettes, et son carnet.

Son carnet ! Elle l'attrapa et l'ouvrit. Il y avait quelques dessins, quelques ébauches de textes. Et si elle écrivait ?

Lucie prit un stylo sur son bureau. Elle se coucha sur le ventre, face à la page immaculée.

Elle mordilla le stylo. Que pouvait-elle bien raconter ?

V

« Il y avait, là, dans un coin de la cour, une jeune fille toute seule. Elle était plongée dans un énorme livre. Autour d'elle, des dizaines d'adolescents qui parlaient, criaient, bougeaient, s'embrassaient, écoutaient de la musique, s'amusaient…

Elle non. Elle lisait. Seule. Encore.

Elle leva les yeux, et vit un groupe de filles avec qui elle avait traîné.

Soudain, l'une d'entre elles se tourna vers elle. Elle lui sourit. »

Lucie soupira. Que racontait-elle ? Un infime signe de compassion comme un sourire ? Ce n'était pas possible. Allons donc !

Vraiment, elle devait être fatiguée. Oui, la fatigue. Ça devait être ça.

Elle cacha son carnet sous son lit, et rangea le stylo dans le tiroir de sa table de chevet.

Elle se tourna et se mit sur le dos. Elle fixa le plafond blanc tâché.

Quand arriverait-elle enfin à dormir ?

Elle ferma les yeux aussi fort qu'elle le put, longtemps, très longtemps. Quand elle les rouvrit, seulement dix minutes s'étaient écoulées.

Elle se résigna, et sortit un livre. C'est alors seulement qu'elle put trouver le sommeil.

VI

— Hello ! Comment ça va ma puce ?
— Euh... Un peu fatiguée et toi ?
— Ah, c'est à cause de ton cauchemar ? Papa m'en a parlé...
— Oui, j'ai eu un peu de mal à me rendormir.

Lucie bailla. Elle prit un bol, le remplit de ses céréales, et mangea. Le reste du petit déjeuner se déroula sans problèmes : elle ne parlait pas le matin.
Elle partit doucement vers le lycée.

⁂

Lucie ôta ses écouteurs de ses oreilles et fonça tête baissée vers la porte d'entrée du lycée. Elle avait cours de français. Elle ne voulait pas louper ça : il y avait une intervenante. Elle arriva très en avance et put donc se choisir une très bonne place. Elle ne posa pas de questions, mais écouta avec grand sérieux.

Après deux heures, la récréation sonna. Tout le monde se précipita vers la sortie.

Elle ramassa doucement ses affaires, les mit dans son sac, sortit son livre, et se dirigea vers la cour.

Alors, elle s'installa sur un banc (pas son banc, il était pris par un groupe). Elle lut.

Puis elle leva les yeux. Et elle croisa le regard de Chloé. Chloé lui sourit. Elle sourit à Chloé.

Chloé retourna à sa discussion passionnante.

Lucie retourna à son livre.

VII

Lucie se jeta sur son lit. Elle avait un grand sourire aux lèvres. « *Elle m'a souri !* »

Puis elle se rendit compte. Elle soupira. Un sourire, ça n'était rien, après tout. Ça n'allait pas faire la route avec elle. Ça n'allait pas l'aider à faire ses maths. Ça n'allait ni ragoter avec elle, ni même être une présence à la cantine.

Un sourire, ça n'était rien, tout bien considéré.

Mais une petite voix continuait à souffler à Lucie que ce n'était peut-être qu'un début, que la situation allait s'arranger.

Elle n'avait pas de devoirs. Elle chercha donc son carnet des yeux.

Elle se souvint qu'elle l'avait caché la veille.

Puis tout lui revint. Le texte...

Il disait que Chloé allait lui sourire.

Non, ça n'était qu'une coïncidence. C'était franchement absurde. Comment pouvait-elle avoir écrit ça, et encore pire, penser que le sourire était dû à ça ?

Elle relut les mots griffonnés sur la page. C'était troublant...

— À TAAABLE !!!

C'était sa mère. Elle sentait d'ici les hamburgers maison, sa spécialité.

Elle reposa le carnet sur son lit, et, après une seconde d'hésitation, descendit.

LM

Virginie Monk

Dépression

Emilie, mon bébé, ma petite fille, mon Ange...
Comme je te comprends...

La dépression, c'est se réveiller chaque matin et avoir pour première pensée : « Emilie est morte ».

C'est se dire : « J'ai perdu un enfant » ; « Ce n'est pas possible ». Mais savoir que c'est vrai.

C'est se sentir au chaud dans son lit, aux côtés de son amoureux, et essayer de ne pas pleurer.

Je sens mon corps s'enfoncer dans mon lit, mon corps incapable de bouger, et le sentiment que jamais je ne parviendrai à me lever.

Je serre mon coussin dans mes bras, contre ma poitrine, mais l'Angoisse commence à faire surface.

Je dois m'arracher à mon lit pour aller travailler, ou pour sortir mes chiens.

Je dois m'arracher à mon lit parce que tôt ou tard il faudra bien le faire.

La dépression, c'est, lorsque j'entre dans la cuisine, prendre mon traitement.
Antidépresseur, anxiolytique, puis un thé sucré et un jus de fruits parce que la nausée est déjà là.
C'est être dans l'incapacité d'avaler quoi que ce soit de solide.
Avoir le cœur au bord des lèvres à l'idée de mettre dans ma bouche mes aliments préférés.
Avoir le cœur au bord des lèvres à l'idée de devoir mâcher quoi que ce soit.
Reprendre un thé sucré pour ne pas faire d'hypoglycémie en attendant de savoir ce que je vais faire ensuite.
Hésiter entre l'envie de rejoindre mon lit ou prendre ma douche et essayer d'être active.

La dépression, c'est, quand je ne suis pas au travail pour prendre soin des patients, être seule et ruminer en boucle.
Qu'est-ce que j'ai fait ? Qu'est-ce que je n'ai pas fait ? Qu'est-ce que j'aurais dû faire ?
Comment a-t-on pu en arriver là ? Comment n'ai-je pas vu, moi, sa mère ?
C'est me répéter que tel jour, j'aurais dû lui dire ça, ou autre chose, j'aurais dû voir sa souffrance malgré son sourire apparent.
Savoir qu'elle voulait protéger ceux qu'elle aimait et ne pas les inquiéter, connaissant son empathie et sa Bonté.
Ce sont des regrets, des remords, et ce putain de sentiment de culpabilité qui ne me lâche pas.
C'est la certitude qu'il ne me quittera jamais, ce trou dans mon ventre, cette haine de moi-même et cette honte.

La dépression, c'est avoir envie d'être seule, c'est avoir peur d'être seule avec ma souffrance et mes ruminations.
C'est l'angoisse qui m'envahit, qui me serre la gorge, qui me noue le ventre, qui m'étouffe.
Je sens les pulsations de mon cœur dans tout mon corps, rapides, cognant dans ma poitrine oppressée.
Je sais alors qu'il me faut reprendre un anxiolytique, mais qu'il faudra du temps pour qu'il fasse effet.
C'est la peur de sortir de chez moi, d'être dans une foule, le sentiment d'être différente des gens heureux autour de moi.
C'est ne même plus avoir l'énergie ni parfois même l'envie de voir les amies que j'aime et qui me soutiennent sans condition.
Alors j'ai honte d'être aussi ingrate et fragile, je me dis que je ne mérite pas leur amitié même si je pense à elles dans mon isolement.

La dépression, dans les moments les plus sombres, c'est l'envie de disparaître et de La rejoindre.

De m'ouvrir les veines, de me défenestrer, de m'enfoncer des couteaux dans le ventre pour ne plus souffrir.

Pas d'ingestion médicamenteuse volontaire, non, ce serait une mort trop douce par rapport à celle d'Emilie...

Ce sont alors les hospitalisations, pour me mettre en sécurité, pour avoir un suivi régulier et tenter de me resocialiser.

Pour essayer de redonner un sens à ma vie et éprouver un goût à quelque chose à travers des activités thérapeutiques.

Des hospitalisations en alternance avec des arrêts maladie et des périodes où je retravaille malgré l'épuisement et la souffrance.

C'est une succession d'essais, d'échecs, d'améliorations de courte durée, avant de retourner au point de départ ou presque.

La dépression, c'est l'envie quasi constante de dormir, d'être allongée au chaud dans le noir après avoir pris un cacheton.
Que le sommeil m'accorde quelques heures de répit dans un lieu familier, douillet et sécurisant.
Je constate le ralentissement que subissent mon corps et mon cerveau, je ne trouve plus mes mots, j'oublie des prénoms.
J'ai l'impression d'avoir 80 ans, d'être vieille et laide.
Quand je marche dans la rue, je me sens hébétée, anxieuse, ou j'espère vaguement que quelqu'un va m'agresser.
L'idée que je resterai passive si ça arrive, parce que je l'ai mérité, parce que je n'ai pas su sauver mon enfant.
Et le sentiment d'incurabilité s'empare de moi, je ne serai plus jamais comme avant, je suis incomplète.

La dépression c'est la rage de voir des familles entières et heureuses, des mères qui câlinent leurs enfants dans leurs bras.

C'est les tripes à l'air quand je vois des groupes d'adolescentes rire et glousser, alors qu'Elle aussi devrait connaître cela.

C'est la fuite de l'élan vital et de l'envie de vivre pour moi qui ne mérite pas de vivre.

C'est se raccrocher à ceux qui m'aiment et que j'aime, et renoncer à partir pour ne pas les faire souffrir eux aussi.

C'est penser très fort, lutter pour ma chère Laura dont l'avenir s'annonce brillant, rempli d'amour, d'amitié et de réussite, pour mon unique enfant désormais.

C'est penser à mon amoureux et à mes chiens qui m'apportent tout leur amour.

C'est l'envie et la hantise d'aller se coucher, sachant que le lendemain ce sera pareil, malgré les moments de soleil et de bonheur.

Ta maman.

Emilie Monk

Madness

Regarde-moi dans les yeux
Dis-moi la vérité
Je ne suis pas comme eux
Et cela te déplaît

Vous autres, humains normaux
Vous pensez tout savoir
De la douleur, des maux,
D'être plongé dans le noir

Vous ne faites que juger
Mais sais-tu mon ami
Ce que c'est de sombrer
Sombrer dans la folie

Je ne peux succomber
À mon ultime désir
Pour ne pas vous heurter
Je ne peux pas partir

RESTER FORT

Ne fais pas ça, c'est mal
Tu fais n'importe quoi
Faut te rendre normale
Allez, emmenez-là

Faites donc, enfermez-moi
Dépouillez-moi de tout
Je suis devenue ma proie
J'agirai derrière vous

Mes doigts deviennent des armes
À multiples usages
Les yeux remplis de larmes
J'observe le carnage

Mais rien ne vous suffit
Ce n'est jamais assez
Vous qui m'avez tout pris
Mais aussi tout donné

Je ne suis pas coupable
Vous n'avez rien compris
Vous êtes les responsables
De ma sombre folie

Virginie Monk

Scarifications

Scarifications, toutes petites d'abord
Comme les cils noirs de mascara de ton beau visage pâle sur le brancard
Comme sur tes bras amaigris et tes poignets si fins
Comme dans ton cou, sous ton menton et tes joues si tendres et autrefois si roses
Je me penche pour te prendre dans mes bras et t'embrasser, je ne peux te laisser partir.
Je vous en prie, faites que ce soit moi à sa place !

Scarifications
Comme des rails de chemin de fer alignés et sectionnés.
Rouges puis noires, régulières ou torturées, qui s'estomperont ou pas
Comme ta souffrance à ce moment ;
Qui me bouleversent mais auront apaisé provisoirement ta douleur
Et avivé la mienne en les voyant sur ton corps, mon enfant tant aimée.

Scarifications
Comme un long tatouage vertical en cicatrice, dont l'encre aurait été effacée
Une seule, cette fois, le long de ton bras immobile dans ce lit d'hôpital
Gonflé d'œdème, piqué d'aiguilles, rare partie de ton corps accessible, reposé dans le coma.
Chaque jour en te parlant, te caressant, j'espérais un signe de ton retour.
Scarifications, stigmates de ton effroyable mal-être et de ton désir de partir,
Sur ton petit corps démoli.

Scarifications,
Comme des portées de musique dont les notes se seraient envolées,
Comme les cordes de ta guitare abandonnée, de ton piano caressé.
Comme celles qui ont pour un moment atténué ma souffrance,
Grâce au rasoir que je frotte sur mes bras jusqu'à ce que le sang perle puis coule.
Pour croire un instant que mon cœur souffrira moins et que s'allègera ma culpabilité.

Ta maman.

Emilie Monk

Seventeen

I'm seventeen years old
And during all these years
I kept looking for gold
But I only won tears

My life is just a fight
And I feel so lonely
The clock says it's midnight
My phone doesn't agree

I don't care anyway
I'm used to being that cold
Useless, awful birthday
I'm seventeen years old

EM

Laura Monk

Des maux plus grands que nous

Emilie
Ma toute petite sœur
Ce tout petit être dont je me suis toujours occupé
J'ai voulu changer tes couches
Te raconter les plus merveilleuses histoires
T'apprendre tout ce que je savais
Te faire voyager, découvrir le monde
Être ta maîtresse, ton inspiration
Tu as toujours été là
Tu en demandais toujours plus
Combien de fois t'ai-je sortie de ma chambre par les pieds ?
Combien de fois ai-je daigné t'accorder le fantastique privilège de – cette fois – faire un jeu avec toi ?
Et combien de fois m'as-tu demandé ?

Emilie,
Tu es un gros morceau de ma vie
Avec qui j'ai grandi
Tu es la première chose dont je me suis sentie responsable
Et qu'est-ce que j'ai pu aimer tout ce temps que nous avons passé ensemble
Nos batailles de pieds, nos délires, nos chatouilles, nos crêpes, nos Sims, nos disputes pour de faux, nos Playmobil, notre petit monde imaginaire.
Quelle chance j'ai eu d'avoir une petite sœur aussi joyeuse, drôle, taquine, intelligente, souriante, joueuse, un peu colérique mais surtout pleine d'amour à en craquer.
Je garde plein de très beaux souvenirs de nous, tout au fond de mon cœur, et j'espère qu'ils y resteront pour toujours.

Je n'ai compris que tard que je t'abandonnais un peu en partant.
C'est difficile d'être loin, de penser aux gens qu'on aime mais de ne pas réussir à le leur faire ressentir
J'avais été là toute ta vie
Et là tu allais finir de grandir sans moi
Et commencer à aller mal sans que je le comprenne tellement

Je crois qu'il y a des maux qui sont plus grands que nous
Et tu te sentais tellement petite
Ma toute petite sœur
Que je ne peux pas t'en vouloir de nous avoir quittés.
Il ne reste sur ma langue qu'une pointe d'amertume
Celle de ne pas avoir su être ta super héroïne jusqu'au bout
De ne pas avoir réussi à lutter contre les méchants qui grandissaient en toi.

Il faut dire que tu ne m'as pas beaucoup aidée
Tu ne voulais pas m'expliquer
Tu voulais rester ma Mimi telle que je l'avais laissée
Telle que je m'en souvenais
Tu ne voulais pas que j'aie à te porter sur mon chemin
Sache que j'aurais bien aimé
Mais peut-être voulais-tu être un peu moins la petite protégée cette fois-ci
Tu étais déjà tellement grande...

RESTER FORT

J'aimerais te dire comme tu me l'as écrit
« Emilie, je l'aime tant,
Je ne peux pas vivre sans elle. »
Mais je pense que tu voudrais que je sois forte
Je t'ai toujours fait croire que j'étais beaucoup plus forte que je ne le suis réellement
C'est vrai quand j'y repense j'ai l'impression qu'à travers tes yeux je suis Musclor
Que bam, d'un revers de main je peux tordre le cou à la vie et la transformer en tout ce que je veux...
Donc bon... Je vais faire ce que je pourrai
Sache que je t'aimerai toujours
Très fort
Comme je t'ai toujours aimée
Et que, putain, qu'est-ce que tu vas me manquer !

LM

Ian Monk

Légère et heureuse

Je vais vous parler d'Emilie, de sa vie, de sa maladie et puis de sa disparition. Mon but, comme vous verrez, n'est pas de cacher ses vérités à elle, ni de m'apitoyer sur nos sorts à nous, qui sommes toujours là. Non, mon but est de faire en sorte que tout le monde qui connaissait Emilie puisse comprendre un peu mieux le sens de son geste, de la décision terrible qu'elle a prise de nous quitter, et de faire en sorte aussi que ceux qui ne la connaissaient pas vraiment, la connaissent un peu mieux finalement.

Emilie luttait contre une dépression clinique grave depuis longtemps. Pour ceux qui ne comprennent pas le vrai sens de ce terme, *dépression*, dans le cas des gens comme Emilie, il ne s'agit pas d'avoir le blues un peu plus grave que d'habitude, il ne s'agit pas de lutter contre quelque chose qui aurait une cause identifiable, comme un chagrin d'amour par exemple, des problèmes avec son entourage, ou un échec scolaire ou professionnel, et qui nous rend tristes, et provisoirement incapables de faire face à l'avenir. Non, tout cela n'est que de la déprime. La vraie dépression majeure est un cancer de l'esprit qui mange petit à petit toutes les joies de la vie, et toutes les raisons qui nous donnent encore envie de continuer à vivre, malgré nos chagrins, nos problèmes et nos échecs. Devant la vraie dépression, l'amour est impuissant. Quand on souffre d'une vraie dépression on a beau savoir, comme c'était le cas d'Emilie, qu'on est aimé, qu'on n'est pas si moche que ça, qu'on n'est pas si bête que ça, qu'on a un logement, qu'on a une vie qui pourrait être belle et enrichissante, bref une existence que grand nombre de nos semblables aimeraient avoir. Il est inutile de regarder les SDF dans la rue et de se dire : c'est eux les malheureux, pas moi. Non, et le fait de les regarder en fait ajoute une nouvelle couche à sa dépression, car on se dit qu'on est ridicule d'être triste comme ça, alors que sa vie vue de l'extérieur est belle et confortable avec un avenir potentiellement souriant. Non, la dépression clinique grave ignore les circonstances matérielles de sa victime et même, finalement, les événements de sa vie. On peut être riche, beau, intelligent et aimé, mais pas moins déprimé pour autant. Et la vie, comme Emilie l'a décrite elle-même lors d'une de nos nombreuses conversations à ce sujet, se réduit alors à une suite de journées noires et mornes dont la seule issue est la mort.

Emilie se confrontait à sa maladie. D'abord en m'en parlant. Ensuite en acceptant que je cherche de l'aide. Elle a tout essayé. Des séjours en clinique, les traitements d'antidépresseurs, un suivi psychiatrique. De son côté, elle étudiait le bouddhisme et la méditation dans l'espoir de trouver de l'aide par ce biais-là. Tout a marché provisoirement, mais rien n'a fonctionné suffisamment bien pour éviter l'aggravation de sa maladie, et la conscience de plus en plus nette que cette maladie n'était probablement pas guérissable à long terme, qu'elle allait souffrir toute sa vie, et qu'elle serait sûrement obligée de passer de longues périodes de cette vie, soit sous les effets de médicaments de plus en plus puissants, soit en hôpital psychiatrique, et probablement les deux à la fois. Et elle ne voulait pas passer sa vie dans une institution. Et pas non plus dans un flou tout sauf artistique créé par une quantité invraisemblable de cachetons.

En décembre, son cas s'aggravait encore, et chaque jour était un calvaire. En même temps, elle avait retrouvé sa maman, ses sœurs et son frère, qui étaient tous arrivés à une vraie compréhension de sa maladie. Car elle ne voulait pas que les gens qu'elle aimait se sentent responsables, ni de son état, ni d'un éventuel suicide. Si jamais je mets fin à mes jours, elle disait, ce ne sera pas ta faute, c'est juste la maladie qui aura été trop forte pour moi. Et pendant les derniers mois de sa vie, elle se sentait très entourée, mais contrainte par la maladie de retourner dans une clinique pendant un certain temps, étant donné son état psychique mais aussi physique de plus en plus préoccupant.

Et puis, lors de son nouveau séjour, les choses ont mal tourné et à la suite d'une crise particulièrement grave, elle a été transférée dans un hôpital psychiatrique pendant quelques jours, le temps de se calmer. Je l'ai fait sortir tout de suite après et l'ai ramenée chez nous, dans l'appartement que nous avions choisi ensemble, et où elle se sentait en sécurité. Après une belle journée passée chez sa maman, en compagnie de son nouveau beau-père, qu'elle appréciait beaucoup, elle est rentrée chez nous. Elle m'a demandé de commander des sushis, qu'on a mangés ensemble. Ensuite, elle s'est habillée de sa plus belle robe et elle s'est maquillée, en me demandant si je la trouvais belle, et me disant qu'elle m'aimait et qu'elle voulait faire un câlin avec moi. Elle était euphorique, mais c'est seulement après que j'ai compris qu'elle se sentait en paix finalement, et soulagée du poids terrible de la dépression, parce qu'elle avait décidé de nous quitter, et qu'elle voulait non seulement que je garde ce bon souvenir d'elle, belle et souriante, mais que je devienne aussi son porte-parole en quelque sorte, afin de partager ce souvenir avec toutes les autres personnes qu'elle aimait et qui l'aimaient aussi. Ensuite, elle est partie dans sa chambre, où elle est allée sur le balcon afin de fumer une dernière cigarette, ses écouteurs sur les oreilles, avant de sauter dans le vide.

Quand Emilie est née, elle était tellement pressée d'arriver dans ce monde, que sa mère a failli accoucher dans l'ambulance. Malheureusement pour nous, elle a décidé de quitter ce même monde tout aussi rapidement. Mais en pensant à sa disparition, je crois qu'il ne faut pas la voir simplement comme un acte de désespoir, mais plutôt comme l'affirmation de sa volonté de prendre *in extremis* son destin en main. D'éviter une existence médicamenteuse en institutions psychiatriques qui ne lui ressemblait pas, et de partir dans le lieu, au moment et par le moyen qu'elle avait choisis librement. Elle va nous manquer terriblement, mais en pensant à Emilie il faudra surtout se souvenir d'une belle fille courageuse, qui, aussi bizarre que cela puisse paraître, est morte pendant un court moment où elle se sentait finalement légère et heureuse.

CET OUVRAGE EST PUBLIÉ PAR SLATKINE & CIE
LE TEXTE EST COMPOSÉ EN CARACTÈRE SLATKINE,
DESSINÉ PAR MATTHIEU CORTAT À LYON
IL A ÉTÉ ACHEVÉ D'IMPRIMER EN FÉVRIER 2017
SUR PAPIER MUNKEN, 80 GRAMMES
ISSU DE LA GESTION DURABLE DES FORÊTS
SUR LES PRESSES DE CORLET, IMPRIMEUR SA
À 14110 CONDÉ-SUR-NOIREAU
IMPRIMEUR NUMÉRO 187774